陈式心意混元太极拳

(拳法卷)

刘绥 著

人民体育出版社

图书在版编目（CIP）数据

陈式心意混元太极拳. 拳法卷 / 刘霓著. -- 北京：人民体育出版社, 2024
　ISBN 978-7-5009-6429-2

　Ⅰ. ①陈… Ⅱ. ①刘… Ⅲ. ①陈式太极拳 Ⅳ. ①G852.11

中国国家版本馆CIP数据核字(2024)第034174号

*

人民体育出版社出版发行
北京中科印刷有限公司印刷
新　华　书　店　经　销

*

880×1230　32开本　5.125印张　151千字
2024年4月第1版　2024年4月第1次印刷
印数：1—3,000册

*

ISBN 978-7-5009-6429-2
定价：34.00元

社址：北京市东城区体育馆路8号（天坛公园东门）
电话：67151482（发行部）　　邮编：100061
传真：67151483　　　　　　　邮购：67118491
网址：www.psphpress.com
（购买本社图书，如遇有缺损页可与邮购部联系）

传混元大道 习太极人生

冯志强题

冯志强题词

作者与冯志强师爷

2008年8月25日拉脱维亚总理来访北京志强武馆

"青山战神"杯

2013年6月27日作者与来访荷兰芬蒂斯体育大学学子交流太极推手

作者部分获奖金牌

作者连续六届获全国武术功力大赛"桩上徒搏"项目85KG以上级冠军

作者所带学生获奖

作者所带学生获奖

作者在首届大青山国际太极拳交流大赛获85KG以上级推手冠军，后在不分级别的太极推手比赛中，获得男子推手总冠军，即"青山战神"奖

2018年10月29日收徒仪式

目 录

第一章 概述

一、陈式心意混元太极拳 / 1

二、陈发科 / 2　　　　三、胡耀贞 / 2

四、冯志强 / 3　　　　五、王长海 / 4

第二章 陈式心意混元太极拳基本功

第一节 混元桩 / 5

　　一、静桩 / 5　　　　二、虚实桩 / 7

第二节 陈式心意混元太极拳基本劲法 / 9

　　一、荡 / 9　　　　二、摆 / 10

　　三、圈 / 12　　　　四、拧 / 14

第三节　陈式心意混元太极拳单式功 / 16

一、螺旋冲拳 / 16　　二、云手 / 20

三、倒卷肱 / 22　　　四、披身捶 / 24

第三章　陈式心意混元太极拳二十四式

一、起势 / 26　　　　二、金刚捣碓 / 31

三、揽扎衣 / 38　　　四、六封四闭 / 42

五、单鞭 / 45　　　　六、白鹤亮翅 / 49

七、斜行拗步 / 55　　八、提收 / 60

九、前蹚拗步 / 64　　十、掩手肱捶 / 67

十一、披身捶 / 74　　十二、背折靠 / 81

十三、青龙出水 / 83　十四、双推手 / 84

十五、三换掌 / 88　　十六、倒卷肱 / 90

十七、退步压肘 / 94　十八、中盘 / 98

十九、闪通背 / 102　　二十、击地捶 / 108

二十一、平心捶 / 111　二十二、煞腰压肘 / 118

二十三、当头炮 / 120　二十四、收势 / 123

第四章　陈式心意混元太极拳三十二肘

一、起势 / 127　　　　二、迎门肘 / 129

三、顶挑肘 / 131　　　四、前捯肘 / 132

五、后挂肘 / 133　　　六、上挑肘 / 135

七、平心肘 / 136　　　八、拦腰肘 / 137

九、拗弯肘 / 138　　　十、穿心肘 / 139

十一、煞腰肘 / 140　　十二、双迎门肘 / 142

十三、擒捯肘 / 143　　十四、顺弯肘 / 145

十五、反背肘 / 146　　十六、下採肘 / 147

十七、双开一字肘 / 148　　十八、收势 / 149

第一章 概述

一、陈式心意混元太极拳

陈式心意混元太极拳，简称"混元太极拳"，是冯志强先生在练习陈式太极拳与心意六合拳的基础上，经多年研修体悟后将两拳融为一体而创立的一门优秀拳派，于20世纪80年代中期形成体系，90年代开始在国内外传播。

混元太极拳融合了陈式太极缠丝内功和心意六合内功之精髓，直接表达了太极拳的内涵真义，即以心意为指导，以丹田混元气为根本，依太极阴阳之理，经太极十三势的体用修炼，达到内外合一、混元一气的上乘功夫。

混元太极拳以混元内功为本，以拳械套路与单式操练为体，以推手和散手为用，在功法、拳法与用法上都有较大的提升与发展，形成了非常完备的武学体系。

混元太极拳将养生与技击两方面有机地统一在一起，既有很好的养生保健作用，又有很好的技击防身效果，从而有效地克服了太极拳发展中出现的"体操化""外家化"与"纸上谈兵"的弊端，恢复了太极拳的原本练法。

混元太极拳通过螺旋缠丝运动，以丹田为中心节节贯串，以意行气，以气运身，从而达到"益寿延年不老春"的效果。长期坚持练习，可以增强人体免疫力，缓解与根治很多疾病。

混元太极拳的推手及散手，不仅包含传统陈式太极拳的缠丝、擒拿等秘技，而且还融合了心意拳、形意拳的不少劲法与打法，并且形成了自己独特的技击风格，有着很好的攻防作用。

二、陈发科

陈发科先生（1887—1957），字福生，河南温县陈家沟人，自幼随父陈延熙练习家传太极拳，功底深厚，是陈式太极拳承前启后的一代大师。（图1-1）

1928年，陈先生应许禹生等之邀到北平传拳，他以"挨着何处何处击，将人击出不见形"的高超技艺受到武术界的叹服，从而改变了"谁知豫北陈家技，却赖冀南杨氏传"，开创了"不意陈君标异帜，缠丝劲势特刚强"的新时代，是陈家沟陈式太极拳发展的一个重要里程碑。

图1-1

陈发科教学有方，从学者甚众，培养出了洪均生、李剑华、雷慕尼、田秀臣、陈照奎、李经梧、冯志强等一大批优秀的学生，开创了北京陈式太极拳的新纪元。

三、胡耀贞

胡耀贞先生（1897—1973），山西榆次人，16岁开始学拳、学道、学医，精通心意六合拳、子路太极拳、形意拳、龙门派等多种拳技。他习武、行医数十年，集释道儒武医之大成，气功造诣极深，心意内功独树一帜，被人誉为"铁掌胡"。（图1-2）

图1-2

1942年，胡先生在山西太原创办了"山西省国术馆"（任馆长）。1953年他与挚友陈发科在北京共同创办了"首都武术研究社"，陈、胡两位先生分任正、副社长。

胡耀贞著有《无极气功》《五禽戏》《华佗五禽术》《气功及保健功》《保健气功》等书，弟子遍及海内外，为中国武术事业的发展作出了卓越贡献。

四、冯志强

冯志强先生（1928—2012），中国武术九段，曾任中国武术协会委员、北京武术协会副主席、北京陈式太极研究会会长、北京志强武馆馆长。（图1-3）

冯先生是陈发科先生和胡耀贞先生的亲传弟子，是陈式心意混元太极拳的创始人。他出身武术世家，8岁开始习武，曾习童子功、通臂拳、朱砂掌，1948年拜心意拳名家胡耀贞为师，学习心意六合拳，两年后经胡先生推荐又拜陈发科为师，从而开始跟随两位名师双学双修，集心意与太极于一身，融内功与外功于一体。

图1-3

冯先生又是一位文武全才的武术家，他先后编写出版了《太极拳实战技击》《陈式太极拳精选》《陈式太极拳入门》《太极混元功》《心意混元太极拳》《陈式太极拳缠丝功》《陈式太极二十四肘》《陈式太极擒拿术》《太极棒气功》《太极八法基本功》《陈式太极拳推手》等著作和教材。

1984年，冯先生公派出访日本讲学，这是陈式太极拳首次正式走出国门。1985年，冯先生参加中联部中国艺术代表团赴美国、墨西哥访问。此后冯先生多次受国家体委、国家武协和中联部委派，出访世界多国，为太极拳的发展和走向世界作出了伟大贡献。

五、王长海

王长海先生（1940—2016），出生于河南巩县张岭村，是冯志强先生的亲传弟子，曾任郑州市武协常委、郑州市陈式混元太极拳委员会会长。（图1-4）

王先生于20世纪80年代初将混元太极拳传入郑州市，先后成立了"郑州陈式混元太极拳委员会"和"国际混元太极拳联合会郑州分会"，为中国传统文化的传播作出了突出贡献，被誉为"德艺双馨的太极名家"。

图1-4

第二章
陈式心意混元太极拳基本功

拳以功为本，功以拳为用，拳无功一场空，所以基本功非常重要。只有练好基本功，混元太极拳的技击威力和养生功效才能充分地发挥出来。本章先介绍混元太极的基本桩法、劲法与重要单式。

第一节　混元桩

一、静桩

无极桩

【练法】

两脚紧贴地面，两脚跟外展，略宽于肩，身体微蹲；两手置于身体两侧。（图2-1）

图2-1

下圆桩

【练法】

两脚紧贴地面，两脚跟外展，略宽于肩，身体微蹲；两手屈肘抱球于腹前。（图2-2）

图2-2

中圆桩

【练法】

两脚紧贴地面，两脚跟外展，略宽于肩，身体微蹲提胯；两手屈肘抱球于肩前。（图2-3）

图2-3

上圆桩

【练法】

两脚紧贴地面，两脚跟外展，略宽于肩，身体微蹲；两手屈肘抱球过顶，置于两肩前上方。（图2-4）

图2-4

二、虚实桩

1. 右虚实桩

【练法】

（1）右脚向右前方跨半步，两膝弯曲；两臂屈肘，两手大拇指和食指张开，中指、无名指和小指里握，左手在上，手心向上，食指指尖向前，右手在下，手心向下，食指指尖向前。（图2-5）

图2-5

（2）右脚向右前方跨半步，两膝弯曲；两臂屈肘，两手大拇指和食指张开，中指、无名指和小指里握，右手在上，手心向上，食指尖向前，左手在下，手心向下，食指指尖向前。（图2-6）

图2-6

2. 左虚实桩

【练法】

练法参上，与左虚实桩手形相同，唯左脚向左前方跨半步。（图2-7、图2-8）

图2-7 　　　　　图2-8

第二节　陈式心意混元太极拳基本劲法

一、荡

【练法】

1. 两手放松，置于身体两侧；两脚分开，约同肩宽。（图2-9）

2. 两手从体侧上提至身前，指尖向下，两臂稍屈，约与肩平。（图2-10、图2-11）

图2-9　　图2-10

3. 两手下荡至身体两侧。（图2-12）

重复练习。

图2-11　　图2-12

二、摆

【练法】

1. 两脚分开，约同肩宽；两手放松，置于身体两侧。（图2-13）

图2-13

图2-14

图2-15

2. 身体右转，两手上提，随即下压。（图2-14、图2-15）

3. 身体左转，两手上提，随即下压。（图2-16、图2-17）
重复练习。

图2-16

图2-17

三、圈

【练法】

1. 两脚分开，约同肩宽；两手放松，置于身体两侧。（图2-18）

图2-18

2. 身体稍向左转；左掌下按，掌心向下；右掌上翻，掌心向上。（图2-19）

图2-19

3. 身体右转；左手上翻撩掌，虎口朝上；右掌下按。（图2-20）

图2-20

4. 身体稍向右转；右掌下按；左掌上翻，掌心向上。（图2-21）

图2-21

5. 身体左转；右手上翻撩掌，虎口朝上；左掌下按。（图2-22）
反复练习。

图2-22

四、拧

以上拧为例说明。

【练法】

1. 两脚分开，约同肩宽；两手放松，置于身体两侧。（图2-23）

图2-23

2. 身体稍向右转；两臂向身体两侧打开。（图2-24）

图2-24

3. 身体左转；右掌屈臂上翻撩掌；左掌置于右肘下方。（图2-25）

图2-25

4. 右手回拉至身体右侧；左手上翻撩掌。（图2-26、图2-27）

如此左右反复练习。

熟练之后再结合步法。

图2-26

图2-27

第三节　陈式心意混元太极拳单式功

一、螺旋冲拳

【练法】

1. 两脚并步站立，身体中正；目视前方；自然呼吸。（图2-28）

图2-28

2. 左脚向左横开一步；两手握拳置于腹侧。（图2-29）

图2-29

3. 左脚前跨定步；左拳向正前方旋转出拳。（图2-30）

图2-30

4. 左拳收于腰间；右拳向正前方旋转出拳。（图2-31）

图2-31

5. 重心下沉，右脚向左后侧插步跨出；两掌合向右前方。（图2-32）

图2-32

6. 左手打开划弧置于左后下方；右手打开划弧置于右前上方。（图2-33）

图2-33

7. 左脚前跨；左手向前出拳；右手握拳收于腰间。（图2-34）

图2-34

8. 右手向前出拳；左拳收于腰间。（图2-35）

图2-35

9. 右脚向前上步；左手向前出拳；右拳收于腰间。（图2-36）

图2-36

10. 右脚后撤步，身体后坐；左拳变掌上掤；右拳变掌置于腹前。（图2-37）

图2-37

11. 左手握拳收于腰间；右手握拳向前出拳。（图2-38）

如此反复练习。

图2-38

二、云手

【练法】

1. 两脚开步，重心下沉，两腿弯曲；两掌张开，置于两膝上方，指尖向下，手心向内。（图2-39）

图2-39

2. 身体右转，右掌向右前方伸出，臂与肩平；左掌上掤置于腹前。（图2-40）

图2-40

3. 右掌收于腰间；左掌提于右肩前。（图2-41）

图2-41

4. 身体左转；左掌向左前方伸出，臂与肩平；右掌上掤置于腹前。（图2-42）

图2-42

5. 右掌提于左肩前；左掌收于腰间。（图2-43）

如此左右反复练习。

图2-43

第二章 陈式心意混元太极拳基本功

三、倒卷肱

【练法】

1. 两脚开步，重心下沉，两腿弯曲；两掌张开，置于两膝上方，指尖向下，手心向内。（图2-44）

图2-44

2. 身体稍向左倾；右掌向前下按；左掌提于左肩前上方。（图2-45）

图2-45

3. 身体回正；右掌向右上提；左掌向前下方推掌。（图2-46）

图2-46

4. 左掌下按；右掌提于右肩前上方。（图2-47）

图2-47

5. 左掌向左上提；右掌向前下方推掌。（图2-48）

如此反复练习。

图2-48

四、披身捶

【练法】

1. 两脚开步，重心下沉，两腿弯曲；两掌张开，置于两膝上方，指尖向下，手心向内。（图2-49）

图2-49

2. 身体稍向左旋；左手握拳提于脑后；右手握拳置于左腰间。（图2-50）

图2-50

3. 左拳下滑向前出拳；右拳向右侧出拳。（图2-51）

图2-51

4. 身稍右旋；右手握拳提于脑后；左手握拳置于右腰间。（图2-52）

图2-52

5. 右拳下滑向前出拳；左拳向左侧出拳。（图2-53）

如此反复练习。

图2-53

第三章
陈式心意混元太极拳二十四式

混元太极拳二十四式，是陈式心意混元太极拳的重要套路，是"外练手眼身腰步、内练精神意气胆"的重要载体，讲究"内外合一，上下相随，周身一家，混元一体"。

混元太极拳二十四式，既有陈式太极拳之起伏多变，又有心意六合拳之浑厚雄壮。练时浑身俱是缠丝圈，螺旋缠绕运刚柔；以意行气，心意用功；一松一紧，刚柔相济；折叠开合，节节贯串。

一、起势

【练法分解】

1. 两脚并步站立，身体中正；目视前方；自然呼吸。（图3-1）

图3-1

2. 抱拳礼：两手抱于胸前，右手成拳，左掌心按贴右拳面，左掌指尖约与下颌平齐，两臂屈肘成圆，肘尖略下垂；头正身直，目视受礼者。（图3-2）

图3-2

3. 开步：提左脚开步，两脚间距约与肩同宽，两腿略屈，臀部如坐高凳之上；两臂下垂，置于身体两侧，含胸拔背；下颌微收，舌抵上腭，气沉丹田；目平视前方。（图3-3）

图3-3

图3-4

图3-5

图3-6

4. 两臂放松，稍向后荡，身向前挺。两腿屈蹲，尾闾略翘；手腕放松，领两臂向前、向上掤起，随即两臂夹肘下按至胸高。两手中指前领水平前挤；同时提臀弓背成折叠状。到此为起势第一圈。（图3-4～图3-8）

图3-7

图3-8

图3-13

图3-12

5. 两腿屈膝；松肩、沉肘、坐腕，两臂自然后捋，至身体两侧稍向后荡，身向前挺，随即两臂上领，向上掤掌。两臂从头顶向前、向下捋至身体两侧；同时脊柱成折叠状。此为起势第二圈。（图3-9～图3-13）

图3-11

图3-9

图3-10

图3-14

图3-15

图3-16

6. 两腿屈蹲坐胯，尾闾略翘；两手放松，随即两臂上领，向前、向上掤起。两手向下按掌，力在掌根，至身体两侧自然放松；两脚掌有抓地感，身体慢慢站起。此为起势第三圈。（图3-14~图3-18）

图3-17

图3-18

二、金刚捣碓

【练法分解】

1. 接上式。两臂自然向左荡至身体左侧，重心左移。随即重心右移；两臂向右荡起，两手松掌向右上掤起至肩高。（图3-19、图3-20）

图3-20

图3-19

图3-21

2. 重心左移；沉肩、坠肘、坐腕，两臂下落左荡，两手松掌向左上掤起至肩高。（图3-21、图3-22）

3. 沉肩、坠肘、坐腕，旋两掌向右捋，左掌至胸前，右掌至右肩前方。（图3-23、图3-24）

图3-22

图3-23

图3-24

图3-28

4. 两掌下按，至腹前旋掌，向左、向上挤至左前上方。（图3-25、图3-26）

5. 重心右移；左掌外旋，右掌内旋，向右后下将至身体右侧。向左转身，重心左移；两掌旋掌后由下向上划圆至左侧。随即右移重心；沉肩坠肘坐腕。（图3-27、图3-28）

图3-27

图3-26

图3-25

第三章　陈式心意混元太极拳二十四式

33

图3-29

6. 向右转身，右前脚掌外摆，重心在左腿上；两掌捋至右侧。重心下沉并右移，裆走下弧，提左膝、缠左腿，左脚掌上翘。（图3-29～图3-31）

图3-30

图3-31

图3-35

7. 左脚向左前方铲出，左脚跟内侧着地，重心在右腿上。重心由右腿移至左腿；两臂向左前方掤起。两掌坐腕，向右后捋；随右后捋重心由左腿移至右腿，右转身，勾左脚。（图3-32～图3-35）

图3-34

图3-33

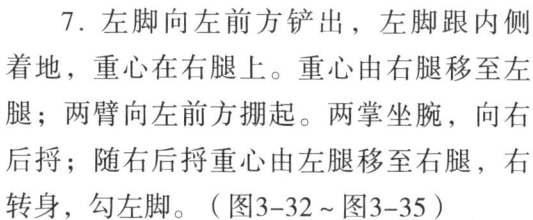

图3-32

8. 左脚掌外摆，裆走下弧，重心由右腿移至左腿；左手向上、向前送掌、撩掌。右脚上步蹉脚，落步后右掌变拳，送至前上方勾拳，高于右肩；左掌置于右上臂内侧。重心后移；两臂回落放松。（图3-36～图3-40）

图3-36　　　　　　　图3-37

图3-38　　　　图3-39　　　　图3-40

9. 右拳由下逆时针向上、向前挂拳。收右脚，脚尖着地；左掌逆时针由下向前上方送掌，接着下捋收至腹前，左臂撑圆；右拳下落，拳心朝下，合于左掌心。提右膝；右拳内旋提起，置于右肩前上方。右脚下落，两脚间距与肩同宽；右拳心朝上，合于左掌心。（图3-41～图3-45）

图3-41　　　　　图3-42　　　　　图3-43

图3-44　　　　　图3-45

三、揽扎衣

【练法分解】

1. 接上式。重心右移；左掌抱右拳向右侧荡起。重心左移，向左侧下荡，由左下至右前划圆，再向下、向左、向上划圆。右拳顺左前臂内侧刮至左肘处。（图3-46～图3-49）

图3-46

图3-47

图3-48

图3-49

2．左掌内旋，右拳变掌，两掌向两侧穿出分掌，左掌在左下方、右掌在右上方。两掌划太极图，右掌向右上方划圆，左掌向左下方划圆。（图3-50～图3-53）

图3-53

图3-52

图3-51

图3-50

图3-54

图3-55

3. 左脚前脚掌外摆，重心左移，收右脚；两手合掌，左掌护脸，右掌护裆。左转身合掌。右转身，提右膝；两手分掌，如大鹏展翅；目视右掌。（图3-54～图3-56）

图3-56

图3-61　　　　　　　　　图3-60

4．两手合掌；右脚向右侧铲出，重心在左腿上。左转身；右掌内旋、外旋。向右转身，重心右移；右掌向右前方切掌；左掌沿身体右侧下落，外旋收至腹前，掌心朝上，左臂撑圆。右掌内旋，云至右侧回掌；两腿成右偏马步，坐胯下沉，左膝稍内扣，左右腿重心四六分；目视右掌。（图3-57～图3-61）

图3-59

图3-57　　　　　　　　　图3-58

图3-62

图3-63

图3-64

四、六封四闭

【练法分解】

1. 接上式。右掌下捋至身体中线。左掌、右掌顺时针向右划圆，接着收至腹前。右掌内旋，两掌背相对，由下向右前上方挤出。（图3-62～图3-65）

图3-67

2. 重心左移；两掌左划，左掌沉手勾腕，右掌外旋上托。随即两掌分掌打开。（图3-66、图3-67）

图3-66

图3-65

图3-68

3. 左转身；两掌相合至左肩处。右转身，扣左脚，重心右移；两掌相合至右肩处。左脚向后划弧收至右脚后侧，前脚掌着地，裆部撑圆，下沉坐胯；两掌心斜相对挤向右前下方。（图3-68～图3-70）

图3-69

图3-70

图3-76

图3-75

图3-74

五、单鞭

【练法分解】

1. 接上式。两臂分手打开，两掌自然下落至腹侧。右转身；右掌由下向上划圆护住脸部，左掌护裆。左转身；右掌下按；左掌向左后划圆。右转身；两掌合掌抱成十字手。两手由下向上分掌，展臂、展肩、展胸、展腹，接着两掌相合于胸前。（图3-71～图3-76）

图3-73

图3-71 　　图3-72

第三章　陈式心意混元太极拳二十四式

45

图3-77

2. 左转身；右掌变勾，勾腕向右前方掤出；左掌收至腹前，掌心朝上。重心右移，左腿提膝、缠脚。（图3-77～图3-79）

图3-78

图3-79

图3-84

图3-83

3. 左脚向左铲出。重心左移；左掌向左送掌、撩掌。重心右移，随即两胯旋转，左右移动重心；左掌下捋至腹前，接着顺时针绕腹部旋转。（图3-80～图3-84）

图3-82

图3-80

图3-81

4. 左掌至右胸前内旋，抬左肘与右勾相合。重心左移，成左偏马步，下沉坐胯；左掌向左云至身体左侧；右勾外旋，自然下垂，略低于肩，成左开右合状。（图3-85～图3-87）

图3-85

图3-86

图3-87

六、白鹤亮翅

【练法分解】

1. 接上式。两掌自然放松，下落至腹前，劳宫穴相对。两臂右荡掤起，接着两掌下按，沉肩坠肘。重心左移；两臂左荡掤起。两掌放松下落于腹前，接着向左侧掤起。两掌向右划平圆，至右侧下按，随即向左前方挤出。（图3-88～图3-94）

图3-88

图3-89

图3-90

图3-91

图3-92

图3-93

图3-94

图3-99

图3-98

2. 两掌向左掤起，向右划平圆至右侧，随即下按，再向左前方挤出。（图3-95～图3-99）

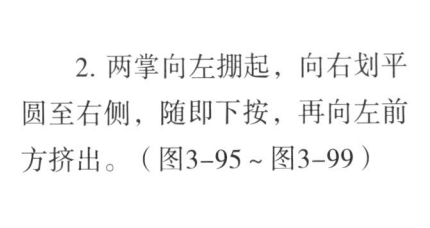

图3-97

图3-95

图3-96

第三章　陈式心意混元太极拳二十四式

图3-100

3. 左脚右收半步，接着上步外摆；两掌向上、向右、向下划立圆收至右前方。右脚上步，脚尖着地；左臂在身体左侧撑圆；右掌置于身前。（图3-100～图3-102）

图3-101

图3-102

图3-105

4. 身体稍左转；右臂向上挑肘。左掌下按，右掌上举对拉。右脚上步；右掌下劈；左掌向上护脸。（图3-103～图3-105）

图3-104

图3-103

5. 重心右移；两臂斜线划圆打开，左掌下按，右掌向左、向上、向右划圆至右上方。左转身，重心左移，右脚尖翘起；左掌护脸；右掌护裆。右转身，重心右移，右脚外摆落地，左脚跟步，收至右脚左侧，两脚间距与肩同宽；右掌向左、向上、向右划圆至右上方；左掌向下按掌。（图3-106～图3-108）

图3-106

图3-107

图3-108

七、斜行拗步

【练法分解】

1. 接上式。左脚跟外展，右脚尖外摆，重心右移；两掌自然下垂于体侧。右掌由下向上、向外、向前经胸前向下摆掌至右胯侧；左掌由下向上、向外、向前至胸前中线。（图3-109～图3-111）

图3-109

图3-110

图3-111

图3-112

2. 重心右移，提左膝，缠左腿。左脚向前落步，脚跟着地；两掌同时打开，左掌摆至身前，右掌摆至右后方。（图3-112～图3-114）

图3-113

图3-114

图3-117

3. 两臂放松下落。收右脚至左脚右后侧；左掌划至左胯侧；右掌划至胸前。重心右移，左脚向斜前方迈步；左掌划至左胸前；右掌按至身右侧。（图3-115～图3-117）

图3-116

图3-115

第三章　陈式心意混元太极拳二十四式

图3-118

4. 左掌下落至腹前；右掌收至右肩前上方，右肘下沉。重心左移，裆走下弧，左掌搂膝变勾抬起；右掌在胸前推出。重心右移；右掌外旋由内向外、向后缠丝。重心左移；左手勾右掌外旋摆至胸前。（图3-118～图3-121）

图3-119

图3-120

图3-123

5. 右掌旋掌，抬右肘。右转身；右掌摆至右后方；左勾放松下垂。（图3-122、图3-123）

图3-122

图3-121

图3-124

八、提收

【练法分解】

1. 接上式。重心右移；左勾变掌，两臂下沉相合，随即张开。重心左移，跟右脚；两手在体前合成十字手。（图3-124～图3-126）

图3-125

图3-126

图3-129

2. 重心后移；两臂自然从身体两侧荡起。重心前移，右脚向右后方撤步；两手在胸前相合成十字手。左脚收半步；两掌向上、向外分手打开。（图3-127～图3-129）

图3-128

图3-127

图3-130

图3-131

3. 两掌向内划弧，相合于身前。左转身，右脚后撤半步；两掌向左托起。左脚向后收半步；两掌向后下捋。（图3-130～图3-132）

图3-132

图3-134

4. 两掌由右后方经体前向上、向左摆掌。左转身，提左膝，缠左腿；右掌下按；左掌前挤。（图3-133、图3-134）

图3-133

图3-135

九、前蹚拗步

【练法分解】

1. 接上式。落左脚；两掌放松自然下按。左脚向左前方上步，重心前移；两掌前挤。重心后移；两掌向右下方将。（图3-135～图3-137）

图3-136

图3-137

图3-141

2. 右转身；右掌由下向上护脸；左掌护裆。左转身，左脚外摆；左掌经体前向左上方摆掌；右掌划弧下按。重心前移，提右膝，缠右腿；两掌在腹前相合成十字手。（图3-138～图3-141）

图3-140

图3-139

图3-138

第三章　陈式心意混元太极拳二十四式

65

图3-142

3.右脚向右后方落步。重心右移；右肩、右肘向右下靠。重心左移；左肩、左肘划圆向左上靠。重心右移，成右偏马步；两掌左右分开。（图3-142～图3-145）

图3-143

图3-144

图3-145

图3-148

十、掩手肱捶

【练法分解】

1. 接上式。重心左移；右掌向下护裆；左掌向上护脸。右转身；右掌向上、向右、向后摆掌；左掌向左上方捌掌。随即回身；右掌向上、向前、向左摆提握拳；左掌下按至左胯侧。（图3-146～图3-148）

图3-147

图3-146

图3-149

2. 左转身；左掌向上护脸；右拳向下栽拳。提右膝，扣右脚，重心左移。右脚下落与左脚约成90°。（图3-149～图3-151）

图3-150

图3-151

图3-154

3. 右脚落地，提左膝，缠左腿，右转身。左脚向左前方上步铲出。重心左移；两手外旋下捋收至腹前。（图3-152～图3-154）

图3-153

图3-152

图3-155

4. 重心右移；左掌划圆向右前方摆掌成扑面掌；右拳落于腹前。重心左移，展肩、展胸、展腹；左掌收至左腹前；右拳向右前方摆拳。重心右移；右拳变掌向左摆至左腹前，随即左掌向左前、右掌向右后对拉，如手抱琵琶。（图3-155～图3-157）

图3-156

图3-157

图3-162

图3-161

5. 重心左移；左掌外旋托至左肩上方。右掌由右侧向前、向左划圆，再经胸前、右肩、右后方至体前，掌心斜朝上，左掌经胸前、右侧、体前、左前方至右上臂内侧，两臂划太极图。右掌握拳至腹前收回；左掌向前挤出，回掌坐胯。（图3-158～图3-162）

图3-160

图3-158

图3-159

第三章　陈式心意混元太极拳二十四式

71

图3-163

图3-164

图3-165

图3-166

图3-167

6. 重心左移；右拳变掌，两掌下落，随即向左上方掤起。重心右移；两掌下捋至身体两侧。左掌向左、向前划圆变八字掌；右掌握拳收至右腹前。（图3-163～图3-167）

图3-170

7. 右转身；左手右移。左转身，接着身稍向右回转，左脚内扣；左掌下收，左肘下坠；右拳左移内旋，随即向前冲拳。（图3-168～图3-170）

图3-169

图3-168

图3-171

十一、披身捶

【练法分解】

1. 接上式。左转身；两臂合手，左手护脸，右手护裆。重心右移；两掌斜线打开。重心左移；两臂合手，左掌护脸，右掌合于左肘下方，掌心朝上。重心右移；左掌下按至左后方；右掌平圆打开至身前。（图3-171～图3-174）

图3-172

图3-173

图3-174

图3-178

2. 右手向左下方将臂。左脚上步，右脚跟步，膝盖内扣；右手向上、向斜后方划圆至右腰间；左掌向斜上方切掌。右脚上步；右手向前穿掌。（图3-175～图3-178）

图3-177

图3-176

图3-175

图3-179

3. 右脚收步；两臂放松，双手合于脐位。两臂向身体两侧打开、上掤。两掌向内旋转，小指领，四指随。（图3-179～图3-181）

图3-180

图3-181

图3-184

4. 两手向后顺缠，同时抬肘。屈膝下坐；两臂向身后顺缠打开，掌心朝上。（图3-182～图3-184）

图3-183

图3-182

图3-185

5. 起身，两掌顺缠打开。合臂至胸前，左臂在外、右臂在内，掌心均向内。重心移至左腿，右脚向左跟步；两掌平行打开，掌心向内。（图3-185～图3-187）

图3-186

图3-187

图3-190

6. 右脚向右大幅开步；两掌成十字手合至胸前，右手在内、左手在外。重心移至右腿；两手握拳，向右斜前方做双逆缠手。两臂在体前做平圆，重心移至左腿做双顺缠手。（图3-188~图3-190）

图3-189

图3-188

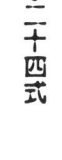

图3-191

7. 重心右移；左拳向身体右前方出拳；右拳收至右腰间。重心左移；右拳向右前方出拳；左拳收于左腰间，两臂对拉；目视右前方。（图3-191、图3-192）

图3-192

图3-195

十二、背折靠

【练法分解】

1. 接上式。重心右移；右拳向右后方划圆做逆缠。重心左移；右臂向左前方划圆；左拳向左后方做逆缠打开。重心右移；两臂向右后方做逆缠划圆，左拳收于身前，拳心向内，右拳收于右下方，拳心向后。（图3-193～图3-195）

图3-194

图3-193

2. 重心左移；右拳向右前方摆拳，拳心向内；左拳收于左腰间，拳心向上。重心右移；右拳向右后方划圆做逆缠。回身，重心左移；左拳在腰间不动；右拳向左前方划圆至身前。重心右移，坐胯；右拳向右前方划圆顶肘；左拳合于左腰间。（图3-196～图3-199）

图3-196

图3-197

图3-198

图3-199

十三、青龙出水

【练法分解】

1. 接上式。向右转身；右臂划立圆，右拳收于右腰间；左拳向右上方出拳，拳心向内。重心左移；右拳摆拳至右前方；左拳收于左腰间。重心右移；左手成八字手向右下方挤出；右拳收于左肘下方。拧腰转胯，重心右移；右拳向右前方崩拳；左手撑于左胸处。（图3-200~图3-203）

图3-200

图3-201

图3-202

图3-203

十四、双推手

【练法分解】

1. 接上式。右拳变掌下捋。两掌顺时针向右上方划圆,左掌收至腹前,右掌内旋。两掌背相对,由下向右前上方挤出。(图3-204~图3-207)

图3-204

图3-205

图3-206

图3-207

2. 摆右脚；右掌下捋。左脚向前跟步；两掌背相搭前挤。左脚向左后方摆脚；两掌划圆。向右转身，右脚跟步跕脚；两掌掌心向内合于体前。（图3-208～图3-211）

图3-208

图3-209

图3-210

图3-211

图3-212

3. 左脚向左斜后方撤步；两臂打开。重心由右移左，收右步踮脚；两手合于左肩前侧。上右步，坐胯；两掌下按。提胯；两手上掤至胸前。（图3-212～图3-215）

图3-213

图3-214

图3-217

4. 上左步，坐胯；两臂向前分手打开。尾闾内卷，胯上提；两掌后捋至胸前。（图3-216、图3-217）

图3-216

图3-215

第三章 陈式心意混元太极拳二十四式

图3-219

图3-218

十五、三换掌

【练法分解】

1. 接上式。两臂做逆缠，前后分手打开。左掌做顺缠，掌心向上；右掌做顺缠，合于右肩处。左掌向后捋，右掌向前挤，接着左掌合于左肩外侧，右掌翻掌，掌心向上。（图3-218～图3-221）

图3-220

图3-221

图3-224

2. 左掌向前挤；右掌向后捋。左掌翻手，掌心向上；右掌合于右肩外侧。右掌前挤；左掌下滑至左腰间。（图3-222～图3-224）

图3-223

图3-222

第三章　陈式心意混元太极拳二十四式

图3-225

十六、倒卷肱

【练法分解】

1. 接上式。右掌向左下方捋。两掌向左上、右下划立圆，左掌捌掌至身前，右掌收于右腰间握拳。左掌回收至胸前；右拳合于左臂肘底。（图3-225～图3-227）

图3-226

图3-227

图3-231

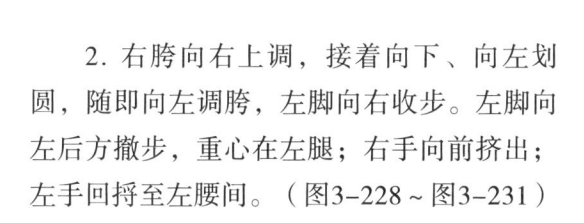

图3-230

2. 右胯向右上调，接着向下、向左划圆，随即向左调胯，左脚向右收步。左脚向左后方撤步，重心在左腿；右手向前挤出；左手回捋至左腰间。（图3-228～图3-231）

图3-229

图3-228

图3-232

图3-233

图3-234

图3-235

3. 重心移至右腿，左脚跐脚蹬地；两臂分手打开做逆缠，再做顺缠打开。右脚向左跟步跐脚；右掌合于右肩前方，左掌合于右肘内侧。右脚向右后方撤步；左掌前挤；右掌下捋至右腰间。（图3-232~图3-235）

图3-239

4. 重心移至左腿，右脚跐脚蹬地；两臂分手打开先做逆缠，再做顺缠。左脚向右跟步跐脚；左掌合于右肩前方，右掌合于左肘内侧。左脚向左后撤步；右掌前挤；左掌下捋至左腰间。（图3-236～图3-239）

图3-238

图3-237

图3-236

第三章 陈式心意混元太极拳二十四式

93

图3-240

十七、退步压肘

【练法分解】

1. 接上式。右掌向左下方捋。回身，右掌向右后方划平圆，再回身捋至胸前；左掌由腰

图3-241

图3-244

间向左前方划圆，接着合于右肘处。右掌前挤；左掌下捋至左腰间，重心在右腿。（图3-240～图3-244）

图3-243

图3-242

第三章 陈式心意混元太极拳二十四式

图3-245

2. 重心左移；左掌外旋托至左肩前上方。右掌由右侧向前、向左划圆，再经胸前、右肩、右后方至体前，掌心斜朝上；左掌划弧，经胸前、右侧、体前至左前方。（图3-245～图3-247）

图3-246

图3-247

图3-251

3. 重心由左移右；左脚勾脚尖外摆；左掌向左后方划圆至左肩外侧；右掌向右划圆打开至身体右侧。右脚向左收步，屈左臂向身前顶肘；右掌合于左肘处。右脚向右后方撤步；左肘下压。左掌前挤；右掌下捋至右腹前，重心在右腿。（图3-248～图3-251）

图3-250

图3-249

图3-248

十八、中盘

【练法分解】

1. 接上式。重心移至右腿；两臂下捋。右脚向左跟步；两掌向左前方扑掌，掌心朝前。右脚向右后方撤步，左脚回转蹬地，膝盖内扣，向右转身；两掌后捋。向左转身，

图3-252

图3-253

左脚向斜前方摆脚；两掌翻掌，右掌合于右耳侧，左掌合于面前。重心前移至左腿，右腿起腿勾脚；右掌向前以扑面掌前挤；左掌下捋至左腰间。（图3-252～图3-256）

图3-256

图3-255

图3-254

第三章　陈式心意混元太极拳二十四式

图3-257

2. 右脚落步；两臂向两侧分手打开。向右侧身；两掌合手，右手护脸，左手护裆。重心左移，右脚向左跟步，上开下合；两臂分手打开，左掌向左上方捌掌，右掌向右下方按掌。（图3-257～图3-259）

图3-258

图3-259

图3-261

3. 右脚落步踏实，左脚向左后方撤步，重心在右腿；两掌合手，右手护脸，左手护裆。重心左移；两掌打开，左掌向左上方挒掌，右掌向右下方按掌。（图3-260、图3-261）

图3-260

图3-262

十九、闪通背

【练法分解】

1. 接上式。向左侧身；两掌合手，左手护脸，右手护裆。重心右移；两臂分手打开，右掌向右上方捌掌，左掌向左下方按掌。重心由右移左，右脚向左跟步踮脚；左掌由下向上至脸侧；右掌由上向下划圆至体前。（图3-262～图3-264）

图3-263

图3-264

图3-267

2. 身体稍向右转；右臂向上挑肘。左掌下按；右掌上举对拉。右脚上步；右掌下劈；左掌向上护脸。（图3-265～图3-267）

图3-266

图3-265

第三章　陈式心意混元太极拳二十四式

图3-268

3. 重心由左移右；两掌向前变扑面掌。重心左移，右脚上勾；两臂向左后方捋。重心右移，左脚向右跟步踮脚；两臂向正前方划立圆，左掌向正前方挤掌，右掌下按至右腰侧。（图3-268～图3-270）

图3-269

图3-270

图3-272

4. 左脚向左前方上步，重心在右。重心由右腿移至左腿；右掌由下向斜上方穿掌；左掌向左下按。（图3-271、图3-272）

图3-271

图3-273

5. 身体向右转身约90°，右脚向右前方摆脚勾脚，重心在左腿；两掌向下、向右划圆合手，左掌合于右肘内侧。身体稍向右转；两手变捯掌。左脚向右迈步，向左后方转身，重心在右腿；两掌向左后方捯掌。（图3-273～图3-275）

图3-274

图3-275

图3-280

图3-279

6. 向右转身，重心移至左腿，右脚踮脚；两掌由后向右上方掤至肩高。两掌向左后方将，接着右肘向上挑肘。重心由左移右，右脚向右后方撤步；右肘向正前划圆，右掌按至右腰间；左掌由下向上合于后脑处，接着由头顶下劈掌至体前。（图3-276~图3-280）

图3-278

图3-276

图3-277

第三章 陈式心意混元太极拳二十四式

107

图3-281

图3-282

二十、击地捶

【练法分解】

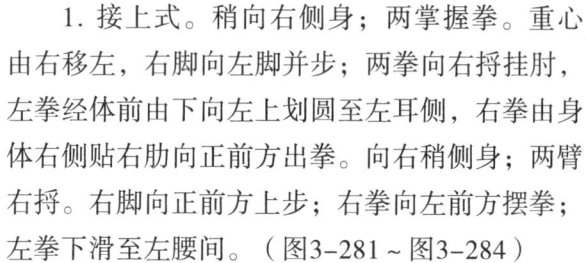

1. 接上式。稍向右侧身；两掌握拳。重心由右移左，右脚向左脚并步；两拳向右捋挂肘，左拳经体前由下向左上划圆至左耳侧，右拳由身体右侧贴右肋向正前方出拳。向右稍侧身；两臂右捋。右脚向正前方上步；右拳向左前方摆拳；左拳下滑至左腰间。（图3-281～图3-284）

图3-283

图3-284

图3-287

2. 向左稍侧身；两拳向左挒挂肘。左脚向前上步；左拳向右摆；右拳下滑至腰间。左脚向左前方上步，重心在右腿；两臂向右后方挒，手引腿进。（图3-285～图3-287）

图3-286

图3-285

第三章　陈式心意混元太极拳二十四式

109

图3-288

3. 左拳落至腹前；右拳提至右耳侧。重心由右腿移至左腿；左拳向上格挡；右拳向下栽拳。（图3-288、图3-289）

图3-289

图3-292

二十一、平心捶

【练法分解】

1. 接上式。重心由左腿移至右腿，向右后回身；右拳向右前方摆拳；左拳顺势按至左腰侧。重心由右腿移至左腿，右脚向左收步；两臂在体前划立圆（太极图），合手合肘，左拳合于右肩侧，右拳合于左腋下。右脚向右开步，左脚蹬地，重心在右腿；右肘向右开肘；左拳向左崩拳，左臂、右肘成对拉之势。（图3-290~图3-292）

图3-291

图3-290

图3-293

2. 右拳向右上方打开，随即下捋；随下捋重心由右腿移至左腿，右脚外摆。重心由左腿移至右腿，左脚跟步，向后转身；右拳向右后方摆拳。（图3-293~图3-295）

图3-294

图3-295

图3-298

3. 两臂在身体左侧划立圆合手，左拳约至右太阳穴高，右拳收于左肘下。右肘由左臂内侧向上挑肘，左拳由右肘外侧下按至左腰间，重心在左腿。右腿提腿勾脚；两臂右下左上，右臂顺缠向右下方打开，左臂逆缠由左后方向上打开。（图3-296～图3-298）

图3-297

图3-296

第三章　陈式心意混元太极拳二十四式

图3-299

4. 两臂做逆缠，向下栽拳扣肩，拳心向后。两臂做顺缠，翻腕开肩，拳心向上。右脚落步；两臂合成十字手，左手在内，右手在外。（图3-299~图3-301）

图3-300

图3-301

图3-306 图3-305

5. 左脚向左开步；两臂向身体两侧打开。重心左移；左掌外旋托至左肩上方。右掌由右侧向前、向左划圆，再经胸前、右肩、右后至体前，掌心斜朝上；左掌经胸前、右侧、体前、左前至右上臂内侧（即两臂划太极图，同时重心右移、左移、右移变化配合）。（图3-302～图3-306）

图3-304

图3-303

图3-302

第三章 陈式心意混元太极拳二十四式

115

图3-307

6. 重心由左腿移至右腿，稍向右转身；两臂前后做逆缠，分手打开。回身转正；两臂做顺缠合手，右掌变拳合于胸前，左掌变八字手合于体前收肘。向右转身；左手八字手右移变托掌。（图3-307～图3-309）

图3-308

图3-309

7. 向左转身；右拳沿腹部向左移动，至左肘底；左掌沿胸前收至左胸外，左肘下坠。稍向右回转坐胯，左脚内扣，重心在左腿；右拳内旋向左、向前冲拳；左掌沿胸前收至左肋侧，虎口向上，掌心向内。（图3-310、图3-311）

图3-311

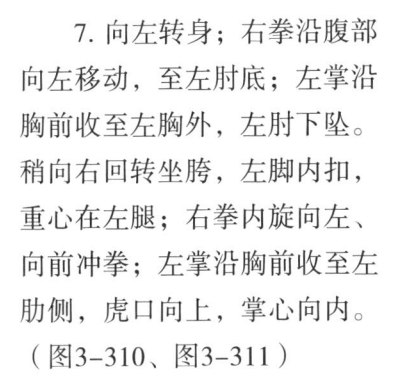

图3-310

二十二、煞腰压肘

【练法分解】

1. 接上式。腰向右转,重心由左腿移至右腿,左脚向右跟步;右拳握拳,经胸前走上弧向身体右前方打反背拳;左掌握拳,置于腹侧,拳心向上。身稍向左转,左脚向左后方撤步,重心在右腿;右拳向左后方捋至腹前。身向右转,重心在右腿;左拳变掌向右前方抓握;右拳顺势收于左肘底。(图3-312～图3-314)

图3-312

图3-313

图3-314

2. 身稍向左转，重心在右腿；左掌握拳向左后方捋至左胯。右肘向右上方挑肘。重心由右稍向左移，腰胯扭捌，右脚重心占六分；右肘下压，左臂上挑，两拳心斜相对。（图3-315～图3-318）

图3-315

图3-316

图3-317

图3-318

二十三、当头炮

【练法分解】

1. 接上式。右脚向右迈步，左脚跟半步；两臂放松下垂于身体两侧，随即两掌向上、向右划圆抓手。左脚向左后方撤步；两掌握拳。（图3-319、图3-320）

图3-319

图3-320

2. 重心左移，右脚向左收半步，随即向正前方蹬腿；两拳向左下方捋。右脚向后撤步至左脚后方，重心在右腿；两拳由后向上、向前抡劈砸拳，右拳收于右胯，左拳收于体前。（图3-321、图3-322）

图3-321

图3-322

3. 左脚向左前方上步，重心在右腿；两拳向右后方挒。右腿蹬劲，重心左移，提右胯；两拳向左上方出拳。两拳下採，随即由下向上划立圆向前冲拳，两臂撑圆，两拳斜相对，成斜马步。（图3-323～图3-326）

图3-323

图3-324

图3-325

图3-326

二十四、收势

【练法分解】

1. 接上式。重心右移，随即向右转身；两拳变掌，两臂放松下垂至体前，接着向右前掤起。向左转身；两臂放松下落至体前，随左转身两掌向左前方掤起。向右转身，扣左脚；两掌旋掌向右捋至右前方。（图3-327～图3-330）

图3-327

图3-328

图3-329

图3-330

2. 向左转身，摆左脚；两掌下按。左掌向前送掌、撩掌，随即右脚向前上步蹉脚。右掌向前穿掌，重心在左腿上。重心后移，收右脚开步站立，两脚与肩同宽；两掌下落至腹前，右掌放在左掌上。（图3-331~图3-335）

图3-331　　　　　　　图3-332

图3-333　　　图3-334　　　图3-335

3. 两掌向外分托，掌心向上；同时慢慢吸气。两掌抱于脑后，再经体前慢慢下落至腹前；同时慢慢呼气。重复练习两次。（图3-336～图3-339）

图3-336

图3-337

图3-338

图3-339

4. 左腿内收，两脚并步；两臂放松下落，放于身体两侧。抱拳行礼。（图3-340、图3-341）

图3-340　　　　　　　　图3-341

第四章
陈式心意混元太极拳三十二肘

混元太极三十二肘，是陈式太极拳第十一代传人、陈式心意混元太极拳第二代传人王长海老师根据陈照奎、冯志强两位先师亲传，结合多年教学实践所创编的一套实用肘法。

在太极拳的招法中，有所谓"远拳近肘贴身靠"，肘击使用很多，故"太极八法"把肘法单独归于一法。

本套肘法的主要特点：简单易学，实战性强；威猛有力，爆发力强；内劲充沛，整体性强。

混元太极肘共32个动作，左右各16肘。本章以右式为例说明。

一、起势

【练法】

1. 并步站立，身体中正；呼吸自然；目视前方。（图4-1）

图4-1

2. 抱拳行礼。
（图4-2）

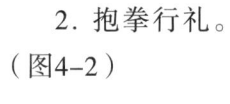

图4-2

3. 提左脚开步，两脚间距与肩同宽，两膝略屈；两手下垂于身体两侧，含胸拔背；下颌微收，舌抵上腭，气沉丹田；目视前方。
（图4-3）

图4-3

二、迎门肘

【练法】

1. 上左步，重心前移；右手向身前斜上约45°穿掌；左掌向左打开约45°；目视前方。（图4-4）

图4-4

2. 右脚向前上步成右虚步，身向右转；右掌顺缠向右下方捋掌，掌心向下；左掌向左上约45°穿掌，掌心向右；目视右方。（图4-5）

图4-5

3. 身向右转，右脚收步跐脚；左掌收至体前；右掌握拳，收至右腰间，拳心向上；目视左掌。（图4-6）

图4-6

4. 右脚向前上步成右弓步；左掌握拳，后拉至左腰间；右拳向前方冲出；目视右拳。（图4-7）

图4-7

三、顶挑肘

【练法】

1. 右拳变掌，掌心向下；目视右掌。（图4-8）

图4-8

2. 向右转身，左脚向前上步成左弓步；右掌变拳，回拉至右腰间；左肘向前冲挑；目视左肘。（图4-9）

图4-9

四、前挒肘

【练法】

1. 身向右转；左肘由前向右挂肘，合于胸前；目视左肘。（图4-10）

图4-10

2. 向左后方扭腰转胯；左肘向左后方挒肘；目视左后方。（图4-11）

图4-11

五、后挂肘

【练法】

1. 左脚向左前方摆；左拳变掌向左前方抓握，接着顺缠变拳收左肘。（图4-12、图4-13）

图4-12

图4-13

2. 右脚向右前方上步；左拳回拉至左腰间；右拳前冲，右肘下压；目视右拳。（图4-14）

图4-14

3. 右脚向后撤步，至左脚后方坐胯，重心在右腿；右拳变掌，向身前斜上方抓握变拳，随后撤步右肘后顶；左拳由腰间向身前冲拳，左拳、右肘成对拉势。（图4-15、图4-16）

图4-15 　　　　　　　图4-16

六、上挑肘

【练法】

右脚向左前方上步,身向左转,调右胯;左拳变掌再抓握,随上步收至左腰间,拳心向下;右肘向右上方挑。(图4-17、图4-18)

图4-17

图4-18

七、平心肘

【练法】

1. 左脚向右脚后撤步，重心在右；两臂合肘，右臂在上，左臂在下；目视右方。（图4-19）

图4-19

2. 重心由右移左，身向左转，调右胯发力；两掌对拉发力，左掌回拉至左胸；右掌向右下方切掌，掌心向下，掌根外摆；目视右下方。（图4-20）

图4-20

八、拦腰肘

【练法】

右脚向右摆脚约45°，左脚向右前方上步；右掌顺缠，松肩收肘。随即拧腰，身向右转，重心在左；左肘与右掌相合。（图4-21、图4-22）

图4-21

图4-22

九、拗鸾肘

【练法】

1. 重心由左移右，左腿提腿勾脚；两臂蓄力；目视左方。（图4-23）

图4-23

2. 左脚下落，向左开步，右脚蹬地向左发力，重心在左；左肘向左顶肘；目视左前方。（图4-24）

图4-24

十、穿心肘

【练法】

1. 重心由左移右；两臂右上左下，分手打开划立圆；目视右方。（图4-25）

图4-25

2. 重心移左；两掌变拳里合，左拳护脸，右拳合于腹前；目视右前方。（图4-26）

图4-26

3. 重心由左移右，调左胯；右肘向右上方挑肘；左拳向左下方崩，右肘、左臂成对拉之势；目视右上方。（图4-27）

图4-27

十一、煞腰肘

【练法】

1. 两拳变掌，向右斜上约45°抓握。重心左移，向左侧身；两拳向左下方将。（图4-28、图4-29）

图4-28

图4-29

2. 向右回身，向上起跳，身在空中腰胯扭捌；两肘对拉；目视右方。（图4-30）

图4-30

3. 下落后，重心右腿占四分，左腿占六分；两拳打开，右拳在右膝上方，左拳在左肩斜上方约45°；目视右方。（图4-31）

图4-31

十二、双迎门肘

【练法】

1. 重心前移；两臂向右掤起，拳心向下；目视前方。（图4-32）

图4-32

2. 重心后移，收右腿踮脚；两手后拉，收肘握拳，拳心向内；目视前方。（图4-33）

图4-33

3. 右脚上步，左脚蹬地发力；两拳向前崩拳压肘；目视双拳。（图4-34）

图4-34

十三、擒捌肘

【练法】

1. 收右脚，向左回身；右拳变掌在身体右侧划平圆；左拳变掌掐于左腰间；目视右方。（图4-35）

图4-35

2. 右脚落实，左脚向后撤步；右掌在身体右侧划平圆；目视右掌。（图4-36）

图4-36

3. 向左回身，收右脚；右肘收至右肩前，掌心向外；目视右方。（图4-37）

图4-37

4. 右脚向右前方上步，腰胯扭捌；右肘向身前捌肘；目视右前方。（图4-38）

图4-38

十四、顺弯肘

【练法】

1. 重心由右移左，右脚勾脚起腿；两手相合于胸前；目视右前方。（图4-39）

图4-39

2. 右脚向右开步；两肘向后打开，两掌抱于胸侧，翘臀、展胸、展腹；目视前方。（图4-40）

图4-40

十五、反背肘

【练法】

左掌下沉；右掌移至右腰后，随即右肩扣压，再向右后方打开，左胯与右肩成对拉之势。（图4-41、图4-42）

图4-41

图4-42

十六、下採肘

【练法】

1. 两脚向上跳起；右肘在空中与左掌相合；目视前下方。（图4-43）

图4-43

2. 两脚落地；两手同时打开，收于腰间；目视前方。（图4-44）

图4-44

十七、双开一字肘

【练法】

1. 两掌再向两侧上方打开，两臂平肩，掌心向外，指尖向上；目视前方。（图4-45）

图4-45

2. 两掌变拳顺缠内收，两肘相合于胸前；目视前方。（图4-46）

图4-46

3. 两肘向两侧以对拉之势打开，高与肩平，拳面斜相对；目视前方。（图4-47）

图4-47

注：

以上为右十六肘，随即接练左十六肘。

左右肘练法相同，唯左右方向相反，不再赘述。

练完左十六肘，即可收势。

十八、收势

【练法】

左脚内收，并步站立；两掌放下，垂于体侧。